COLLECTION

DE

Feu M. de BAZINGHEN

DE BOULOGNE-SUR-MER

OBJETS D'ART

ET

DE CURIOSITÉ

BEAU RÉTABLE DU XV° SIÈCLE

TABLEAUX — TAPISSERIES

LIVRES — MANUSCRITS

Commissaire-Priseur : Me E. BERTHELIN, rue Le Peletier, 29

EXPERTS

POUR LES OBJETS D'ART	POUR LES LIVRES
M . A . BLOCHE	**M . MARTIN**
rue Laflitte, 44	rue Séguier, 18

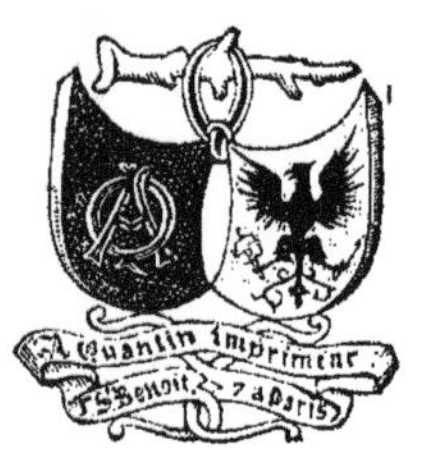

CONDITIONS DE LA VENTE

Elle sera faite au comptant.

Les acquéreurs payeront 5 pour 100 en sus des adjudications, applicables aux frais.

L'exposition mettant les acquéreurs à même de se rendre compte de l'état et de la nature des objets, il ne sera admis aucune réclamation, une fois l'adjudication prononcée.

CATALOGUE

DES

OBJETS D'ART

ET DE

HAUTE CURIOSITÉ

ÉMAUX BYZANTINS ET DE LIMOGES
ORFÉVRERIE — IVOIRES — ARMES ET ARMURES — VITRAUX
FAIENCE — GRÉS — MÉDAILLES — MONNAIES

MAGNIFIQUE RÉTABLE DU XVᵉ SIÈCLE

BAS-RELIEFS ET GROUPES EN BOIS SCULPTÉS

Beaux Meubles du XVIᵉ Siècle

DES ÉPOQUES LOUIS XIII, LOUIS XIV ET LOUIS XVI

BRONZES D'ART ET D'AMEUBLEMENT

TABLEAUX ANCIENS

DES DIVERSES ÉCOLES

TRYPTIQUES ET PANNEAUX GOTHIQUES

BELLES TAPISSERIES

LIVRES ANCIENS & MANUSCRITS

COMPOSANT

La Collection de feu M. DE BAZINGHEN

DE BOULOGNE-SUR-MER

ET DONT LA VENTE AURA LIEU

HOTEL DROUOT, SALLE Nᵒ 1

LES LUNDI 17, MARDI 18, MERCREDI 19 & JEUDI 20 AVRIL 1882

A 2 HEURES

Mᵉ E. BERTHELIN, Commissaire-Priseur

29, rue Le Peletier

EXPERTS

POUR LES OBJETS D'ART	POUR LES LIVRES
M. A. BLOCHE	M. MARTIN
44, rue Laffitte.	18, rue Séguier

Chez lesquels on se procure le catalogue.

Exposition publique : Dimanche 16 Avril, de 1 h. à 5 h.

DÉSIGNATION

THÉOLOGIE

I

ÉCRITURE SAINTE — LITURGIE

1. — Biblia Sacra. *Venetiis, apud Zenarum*, 1603, in-fol, bas
Figures sur bois.

2. — La Bible qui est toute la Saincte Escriture du vieil et nou-
veau Testament, autrement l'ancienne et la nouvelle
alliance, le tout reveu et conservé sur les textes he-
brieux et grecs. *A la Rochelle, de l'Imprimerie de
Haultin, par Corneille Hertman*, 1616, in-8 vel.
titre gravé.

3. — Novum testamentum haud poënitendis sacrorum doctorum
scolis. *Parisiis, Guil. Guillard*, 1563, pet. in-8 de
377 ff. plus la table, rel. en 4 vol. vel. blanc doré,
tr. dor.

4. — Heures latines, in-4 de 409 pages relié en velours rouge, dans un étui.

> Manuscrit du xvᵉ siècle sur vélin, orné d'une grande miniature très-finement peinte, représentant une cérémonie funèbre, de dix grandes lettres ornées avec encadrements variés, et d'une grande quantité d'initiales peintes (environ 3000).

5. — Heures latines, in-8 de 142 ff., rel. moderne en velours avec fermoir dans un étui.

> Manuscrit du xvᵉ siècle sur vélin orné de six miniatures à mi-pages. Plusieurs pages sont entourées d'ornements variés composés de fleurs et de fruits. Nombreuses initiales peintes.

6. — Heures latines, pet. in-8 de 140 ff. relié en drap.

> Manuscrit du xvᵉ siècle sur vélin, orné de nombreuses initiales peintes en or et couleurs.

7. — Preces piæ, in-16 de 15 ff. relié en velours.

> Manuscrit du xvᵉ siècle orné d'initiales peintes en or et couleurs.

8. — Preces piæ, pet in-8. de 140 ff. mar. rou., fil. tr. dor. (reliure du xviiiᵉ siècle).

> Manuscrit du xvᵉ siècle sur vélin fin, orné de six grandes miniatures, d'encadrements variés et de nombreuses lettres initiales.

9. — Preces piæ, in-16 de 98 ff. v. tr. dor.

> Manuscrit du xve siècle sur vélin, orné de onze jolies miniatures en pleine page.

10. — Preces, in-8, chag. bleu.

> Fragment de manuscrit du xve siècle, orné de treize petites miniatures.

11. — Horæ, pet. in-16 de 220 ff., reliure ancienne en velours, coins et fermoirs, tr. dor.

> Manuscrit du xve siècle sur vélin, orné de six grandes lettres finement peintes en or et couleurs, avec encadrement de feuillage.

12. — Livre d'heures, pet. in-4 de 218 ff., mar. rou. fil dent. tr. dor. (reliure du xviiie siècle avec armoiries.

> Beau manuscrit du xve siècle, bien conservé, orné de onze grandes miniatures très finement peintes et fraîches de coloris. Chaque page est ornée d'un encadrement varié de fleurs et de feuillage, et de grandes lettres de diverses couleurs.

13. — Livre d'heures de Georges d'Armagnac, in-4 de 38 ff. mar. rou. fil. tr. dor. doublé de tabis (reliure ancienne).

> Beau manuscrit sur vélin, exécuté en lettres rondes vers 1550 pour Georges d'Armagnac, qui fut successivement évêque de Rhodes, ambassadeur à Venise et à Rome, conseiller d'État, archevêque de Toulouse ; Paul III l'avait

créé cardinal en 1544. Il succéda en 1577 à Félicien Capiton dans le siège d'Avignon, y fit plusieurs fondations religieuses et y mourut en 1585 âgé de quatre-vingt quatre ans.

Au verso du premier feuillet se trouve, en pleine page, une grande miniature représentant Georges d'Armagnac à genoux devant un autel surmonté du Christ en croix. Ce portrait, très finement exécuté, est entouré de petites miniatures représentant diverses scènes religieuses.

Chaque page est entourée d'ornements variés, dans lesquels sont répétés le nom, les armes et la devise des d'Armagnac. Ce manuscrit contient en outre deux miniatures figurant le Christ en croix, les armoiries et la devise de G. d'Armagnac, et plusieurs grandes lettres ornées.

14. — Hore beate Marie virginis secundum usum Romanum... cum multis suffragiis et orationibus de novo additis... (Au verso du dernier ff.) : Ces présentes heures sont à lusaige de Rome tout au long sans requerir, ont esté nouvellement imprimés à Paris, par Germain Hardouyn, imprimeur et libraire... (Almanach de 1527 à 1541), gr. in-8 goth. 112 ff., mar. rou.

Bel exemplaire imprimé sur parchemin. Ce livre d'heures est orné de seize grandes figures sur bois et de plusieurs petites pour les Saints et Saintes; chaque pages est entourée de grandes bordures historiées et à sujet différents, dont plusieurs paraissent être de Geoffroy Tory.

15. — Ces présentes heures à lusaige de Tournay, ont esté faictes pour Symon Vostre, libraire, demourant à Paris, à la rue Neuve Nostre-Dame, à lenseigne Sainct-Jehan

Evangéliste. (Calendrier de 1502 à 1520 et marque
de Ph. Pigouchet), in-8 goth. de 104 ff. v. tr. dor.

> Exemplaire sur vélin. Livre orné de figures et d'enca-
> drements sur bois, où l'on remarque l'histoire de Joseph,
> celle de Suzanne et de l'Enfant prodigue, la Danse des
> morts, avec les explications rimées en français.

16. — Ces présentes heures, à lusaige de Romme ont esté imprimées à Paris, pour Gilles Hardouyn, libraire, demourant au bout du pont Nostre-Dame. (Calendrier de
1520 à 1530, gr. in-8 goth. de 88 ff. v. marb.

> Imprimé sur vélin. Chaque page est entourée de
> vignettes sur bois représentant la vie de Jésus-Christ, la
> Danse des morts et des ornements variés. Les grandes
> figures, au nombre de dix-huit, ainsi que les vignettes dans
> le texte, ont été peintes au xvi° siècle.

17. — Office des morts, in-8 de 130 ff. parch.

> Manuscrit du xv° siècle sur vélin, avec la notation et
> orné d'initiales peintes en or et bleu.

18. — Le livre de vraye et parfaicte roaison, cum privilegio, à la
fin : *Imprimé à Paris, par maistre Simon du Bois
pour Christien Wechel*, 1529; pet. in-8 goth. v. br.
estampé, *Vignette en bois sur le titre.*

19. — Missale romanum. *Lugduni*, 1682, in-4 mar. roug.
rel. anc.

20. — Breviarum parisiense, *Parisiis*, 1778, 4 vol. gr. in-8 v. jas. fil. tr. dor.

II

SAINTS PÈRES ET THÉOLOGIENS. — HISTOIRE RELIGIEUSE

21. — Divi Hieronimi epistolæ et opuscula. In fine : Ego Johannes ten lande de Reiis coloniensis juris utriusque scolaris hoc opus exaravi anno domini millesimo quadringentesimo sexagesimo septimo (1467) die octava mensi aprilis. In-fol. parch.

> Manuscrit d'une très belle écriture imitant l'impression, sur 400 feuillets de parchemin. Il est orné sur la première page de deux miniatures et d'un joli encadrement composé de fleurs, feuillages et oiseaux de diverses couleurs. Nombreuses lettres capitales ornées.

22. — Incipit nova compilatio decretalium Gregorii IX (cum glossa ordinaria Bernhardi Bottoni). — Anno M CCCC LXX III... in urbe Magücia... Petrus Schoiffer... feliciter consummavit. Gr. in-fol. goth. de 304 feuillets, v. ant. (Koehler).

> Première édition de cet ouvrage avec date. Très bel exemplaire avec témoins, orné d'une petite miniature sur le premier feuillet et avec les initiales en rouge et bleu.

23. — Eximii doctissimique viri fratris Guillermi (Alverni) in exposicionem Epistolarum atque Evangeliorum per

circulum anni tam de tempore quam de sanctis occur-
rensium... *S. l. n. d. Milan, Valdarfer*, vers 1475,
in-fol. goth. de 290 feuillets à 36 lignes par page;
v. br.

Bel exemplaire d'une édition très rare non citée. .

24. — Domini Hugoni. Cardinalis tractatus qui speculum eccle-
siæ nuncupatur. *S. l. n. d.* vers 1500, pet. in-4 goth.
cart.

25. — Sermones Olliverii Maillardi. *Lugduni Joh. de Vingle*,
1498. in-8 goth. à 2 colonnes, 3 part. en 1 vol. v. mar.

26. — Michælis Menoti Sermones quadragesimales Parisiis decla-
mati. *Parisiis*, 1530, in-8 goth. à 2 colonnes parch.
(*le titre manque.*)

27. — La discipline des Églises réformées de France, par d'Huis-
seau, ministre à Saumur. *Genève,* 1666, pet. in-4
v. jas.

28. — Recueil général des affaires du clergé de France. *Paris,
Vitray,* 1636. 3 vol. in-4 parch.

29. — Nouvelles ecclésiastiques ou Mémoires pour servir à l'histoire de la constitution *Unigenitus,* 1736 à 1740,
1747 à 1761; 7 vol. in-4 parch. *Figures.*

SCIENCES ET ARTS

I

JURISPRUDENCE — PHILOSOPHIE — MORALE

30. — L'index universel et alphabétique de toutes les matières
de la jurisprudence, tiré tant du droit canon que du
droit civil; par Nicolas Menin, avocat au parlement
de Paris, 1710, in-fol. v.

> Manuscrit autographe de l'auteur.

31. — Extraits des procès jugés tant à l'ordinaire qu'au souve-
rain, au rapport de maître Nicolas Menin, lieutenant
particulier des eaux et forêts de France, comprenant
la jurisprudence des eaux et forêts, tant sur ce qui
concerne les juridictions et officiers que sur tout ce
qui a rapport à la police des bois, forêts et rivières,
et à celle de la chasse et de la pêche, 1713 à 1719,
in fol. rel.

> Manuscrit autographe de l'auteur.

32. — Recueil de mémoires, requêtes, pièces, factums et arrêts
concernant les eaux et forêts avec les jugements
intervenus sur yceux au siège de la Table de Marbre
du Palais; à Paris, 1701 à 1740. Environ 120 pièces
en 2 vol. in fol. d.-rel.

33. — Recueil d'édits, déclarations, ordonnances et arrêts de
Louis XIV, 1648 à 1715. 100 pièces en un vol. in-4
veau.

34. — La justice en sa splendeur, advis contre les plaideurs
téméraires, par Pierre Bunache. *Paris*, 1622, in-4.
d.-rel.

35. — Du droit de naufrage, par Th. Godefroy, 1630, in-fol
d.-rel. v.

Manuscrit du xviii° siècle.

35 *bis*. — Les œuvres morales et meslées de Seneque, trad. du
Latin en François, par Simon Goulart, senlisien. *Lyon*,
Rigaud, 1610, in-8 v. jas. fil.

36. — Ciceronis de Officiis, de Senectute et de Amicitia. *Neapoli*,
1487, in-8, parch.

Manuscrit sur parchemin, avec initiales peintes en
or et couleurs.

37. — Commentarius in universam artis philosophiam. *Duaci,*
1733, in-4 v.

> Manuscrit de M. André Abot de Bazinghen, chanoine
> de Boulogne en 1733.

38. — Le ministre d'Estat avec le véritable usage de la politique
moderne, par de Silhon. *Leyde, J. Marci,* 1643, pet.
in-12 vel., *titre gravé.*

39. — Essais de Michel de Montaigne avec notes de tous les
commentateurs. *Paris, Didot,* 1836, gr. in-8 d. rel.
v. vert. *Portrait.*

40. — Les caractères de Théophraste traduits du grec avec les
Caractères. ou les mœurs de ce siècle, (par de La
Bruyère), 7ᵉ édition. *Paris, Michallet,* 1692, in-12
v. gr.

41. — Réflexions, ou sentences et maximes morales de La Roche-
foucauld, publ. par Aimé Martin. *Paris, Lefèvre,*
1822, in-8, v. fau. gaufr., filets d'or.

II

ARTS DIVERS — BEAUX-ARTS

42. — OEuvres complètes de Buffon, avec des extraits de Daubenton. *Paris, Furne,* 1839. 6 vol. — Histoire naturelle de Lacépède. *Paris, Furne,* 1841, 2 vol., ens. 8 vol. gr. in-8, d. et c., v. viol. *Figures coloriées.*

43. — Maison rustique du XIXe siècle. *Paris,* 1838, 4 tom. en 2 vol. gr. in-8, v. viol. fil. *Figures.*

44. — Les Roses, peintes par P.-J. Redouté, décrites par Thorry. *Paris, Panckoucke,* 1824, 2 vol. in 8, d.-rel., v. rou. *Figures coloriées.*

45. — L'Architecture militaire moderne ou Fortification, par Mat. Dogène, mis en françois par Helie Poirier. *Amsterdam, L. Elzevier,* 1648, in-fol. v. mar. fil. comp. tr. dor. *Planches.*

46. — Recueil de Combats et d'Expéditions maritimes considérés comme exemples mémorables des progrès de la tactique et de l'art de conduire les vaisseaux, gravés par Dequevauviller, d'après les dessins de Ozanne. *Paris,* in-fol. d.-rel.

47. — Antiquités celtiques et antédiluviennes, par Boucher de Perthes. *Paris*, 1847, 2 vol. in-8 br. *Figures.*

48. — Antiquités anglo-normandes de Ducarel, trad. par Lechaudé d'Anisy, *Caen*, 1823. — Origine de la Tapisserie de Bayeux, par Delaunay. *Caen*, 1824, en un vol. gr. in-8, d. et c. v. ant. n. rog. *Figures.*

Exemplaire sur grand papier. *Figures sur chine.*

49. — Antiquités nationales ou recueil de monuments p. s. à l'histoire de l'empire françois, par A. L.-Millin. *Paris*, 1790, an VII, 5 vol. in 4, d. et c. v. viol. *Planches.*

50. — Musée des monuments français, par A. Lenoir. 5 vol. — Peinture sur verre, 1 vol. *Paris*, 1800-1806, 6 vol. in-8, d.-rel. v. rou. *Planches.*

51. — Les arts au Moyen Age en ce qui concerne principalement le palais romain de Paris, l'hôtel de Cluny issu de ses ruines et les objets d'art de la collection classée dans cet hôtel, par A. du Sommerard. *Paris*, 1838, 4 tom. en 2 vol. gr. in-8, d. et c. ch. rou.

52. — Livres de petites études d'antiquités dessinées par L.-J.-F. Lagrenée, peintre de l'Académie royalle, in-8° parch.

Recueil de 74 dessins originaux à la sépia.

53. — Essai historique et descriptif sur la peinture sur verre ancienne et moderne, par Langlois. *Rouen*, 1832, in-8, d.-rel. v. ant., n. rogné. *Planches.*

54. — Christelücken Waerseggher door Joannes David. *Antwerpen*, 1602. *Titre gravé et 70 figures.*

55. — Entretiens sur les Vies et les ouvrages des plus célèbres peintres anciens et modernes, par Félibien. *Paris, Le Petit*, 1666, in-4, v. gr.

55 *bis.* — Lettres autographes. Environ 100 pièces signées, dans un carton in-fol.

> 14 signatures de rois et reines de France. — Lettres de Ferdinand de Prusse, Louvois de Pontchartrain, de Talleyrand, du maréchal Ney, Pichegru, Eugène Napoléon Paganini, Orfila, Odilon Barrot, etc.

BELLES-LETTRES

POÉSIE — THÉATRE

56. — Ambr. Calpini Dictionarium. *Lugduni; J. Cardon,* 1634, 2 vol. in-fol., v. rac.

57. — Odes d'Horace, traduites en vers par un lieutenant gé- néral. *Paris, Gosselin,* 1836, in-8, v. bleu, fil. orn. en or, tr. dor.

Envoi d'auteur au contre-amiral Vattier.

58. — Recueil de Poésies latines, xviiie siècle, in-4, d.-rel. veau.

Manuscrit.

59. — Le Songe du Vergier, qui parle de la disputation du clerc et du chevalier. Imprimé à Lyon, par Jacques Maillet, lan mil CCCC quatre vintz et unze, le vin-

tiesme iour de mars, in-fol. goth. de 126 ff. à deux colonnes de 51 lignes, plus le titre, au verso duquel se trouve une grande figure sur bois répétée au commencement du second livre, veau ant. fil. (Armoiries).

Première édition très rare.

60. — Le Romant de la Rose, moralisée cler et net, translate de rime en prose, par vostre humble Molinet. (A la fin.) Nouvellement imprimé à Paris par la veusve feu Michel le Noir, demourant en la grant rue Sainct-Jacques, à lenseigne de la Rose blanche couronnée le dix-septiesme iour daoust mil cinq cens vingt et ung. (Marque de Lenoir), pet. in-fol. goth. de 128 ff. à 2 colonnes, veau gr. fil., tr. dor. *Figures sur bois.*

Titre remonté.

61. — Guillaume de Lorris et Jean de Meung. Le Roman de la Rose. A la fin : Explicit le Romans de la Rose ou lart damours et toute enclose. 81 ff. — Autres poésies de la même époque, parmi lesquelles se trouve le testament de Jean de Meung. 26 ff. en 1 vol. pet. in-fol. mar. vert, fil., tr. dor. *Rel. anc.*

Manuscrit de la fin du XIVe siècle, sur parchemin, orné de 35 miniatures, de grandes lettres ornées et de nombreuses capitales en rouge et bleu. La première page est entourée d'un encadrement composé de six portraits en médaillon.

62. — Les Faictz et Dictz de feu de bonne mémoire maistre
Jehan Molinet, contenans plusieurs beaulx traictez,
oraisons et champs royaulx... 1540. *On les vend à
Paris au Palais, au second pilier, par Arnoul Lan-
gelier*, in-8, lettres rondes, de 4 et 276 ff. mar. rou.
fil. tr. dor. (*Kœhler*).

Édition rare. Hauteur : 150 mill.

63. — Poésies de Marguerite-Éléonore-Clotilde de Vallon-Chalys,
depuis Mme de Surville, poëte françois du xve siècle,
publ. par Ch. Vanderbourg. *Paris, Henrichs*, 1803,
in-8, cuir de Russie, fil., tr. dor. *Figures coloriées et
airs notés.*

64. — Les Œuvres de Clément Marot, de Cahors. *La Haye*, 1702,
2 vol. petit in-12, ch. rou., tr. dor.

65. — Le Villebrequin de Me Adam, menuisier de Nevers, contenant toutes sortes de poésies gallantes, etc. *Paris,
G. de Luynes*, 1673, petit in-12 d. et c. mar. gr. en
tr. dor. (*Hering et Muller*).

66. — Les Chevilles de Me Adam, menuisier de Nevers. *Paris,
Quinet*, 1644, in-4, v. fau. *Portrait.*

67. — Paris ridicule. 1699, pet. in-4, d.-rel. veau.

Manuscrit.

68. — Madrigaux de M. D. L. S. (de la Sablière). *Paris, Claude Barbin*, 1680, in-12, mar. rou. fil. tr. dor. (*Thompson*).

Édition originale.

69. — S'ensuyt le Testament de Taste-Vin, roy des pions, in-8, *gothique*, d.-rel. v. bleu.

Réimpression faite à Orléans en 1829 par Guyot ainé, — tirée à 42 exemplaires. L'un des dix sur papier rose.

70. — Sermon du Cordelier aux soldats, ensemble la response des soldats au Cordelier. Recueillis de plusieurs bons autheurs catholiques, *Paris, pour Nic. Lefranc*, 1612, pet. in-8, d.-rel.

Réimpression faite à Chartres par Garnier en 1833, tirée à 30 ex.

71. — Le Testament de la Ligue, 1594. *Chartres, Garnier*, 1834, in-8, d.-rel.

Réimpression figurée conforme en tous points à l'édition originale, — *tirée à 32 exemplaires*.

72. — Le Temple de Gnide, suivi d'Arsace et Isménie, par Montesquieu. *Paris, impr. de P. Didot l'aîné*, 1796, in-4, papier vélin, mar. bleu fil., tr. dor., doublé de tabis. (*Bozérian.*)

Orné de 7 figures coloriées par Peyron et de 4 figures d'Eisen coloriées.

73. — Les Œuvres de M. Boileau-Despréaux. *Paris*, 1740, 2 vol. in-4, v. mar. *Portrait.*

74. — Œuvres de Ducis, *Paris, Nepveu*, 1819, 3 vol. in-8, mar. bleu, fil. tr. dor. *Portrait et figures par Girodet et Desenne*, avant la lettre.

Exemplaire sur papier vélin.

75. — Œuvres de Ducis, suivies des Œuvres de M.-J. de Chénier, *Paris*, *Ledentu*, 1839, gr. in-8, d.-rel. v. ant. *Portrait.*

76. — Poésies de l'abbé de Lattaignant, in-4, d.-rel. d. et c., v. viol.

Manuscrit.

77. — Philotanus, poème, par M. l'abbé G. (Grécourt), in-8, d. et c. v. fau.

Manuscrit.

78. — Recueil de poésies du xviiie siècle, formé par M. Abot de Bazinghen, conseiller à la Cour des Monnaies. 7 vol. in-4 et in-8, d.-rel. v. fau.

Odes, épîtres, épigrammes, étrennes, madrigaux, placets, énigmes, charades, chansons d'amour et de table, chansons maçonniques, chansons satiriques, jugements concernant les écrivains, les acteurs et les actrices.

79. — Chants d'amour et de fidélité, par le baron d'Ordre. *Paris*, 1835, in-8, d.-r. v. rou.

> On a ajouté à cet exemplaire une pièce de vers manuscrite signée de l'auteur.

80. — Roland furieux, traduit de l'Arioste, par le comte de Tressan, avec notes et sommaires. *Paris, Nepveu*, 1822, 3 vol. in-8, d.-rel. v. ant., n. rog. *Portrait et figures de Colin.*

> Exemplaire sur grand papier vélin, avec double suite des figures avant la lettre, dont une sur chine.

81. — Traduction des poésies d'Haller, par G. de Bazinghen, pet. in-4°, d. et c. v. ant.

> Manuscrit autographe.

82. — La Celestine fidellement repurgée et mise en meilleure forme, par Jacques de Lavardin, escuyer, seigneur du Plessis-Bourrot en Touraine. *Paris, pour Gilles Robinot tenant sa boutique au Palais*, 1578, pet. in-8, mar. vert fil. milieu en or (*Ducastin*).

83. — Extraits de différentes tragédies, comédies et drames, d'après les seules représentations données sur le théâtre de Strasbourg, en 1771 et 1772. 5 cahiers in-4.

> Manuscrit du temps.

84. — Orphée, tragédie mise en musique par M. de Lully. *Paris, Ballard*, 1690; Zéphir et Flore, opéra en musique, 1688, en 1 vol. in-fol. v. gr.

Paris, Ballard.

85. — Recueil de ballets et opéras, 1695-1711 ; 81 pièces en 8 vol. in-4, veau et parch.

86. — Abrégé de l'histoire du Théâtre-François depuis son origine jusqu'en 1780, par de Mouhy. *Paris*, 1780, 3 vol. in-8, d.-rel. *Portraits*.

II

ROMANS — MÉLANGES LITTÉRAIRES — POLYGRAPHES

87. — La Nouvelle Héloïse, par J.-J. Rousseau. 1788, 4 vol. in-8, d.-rel. v. ant. *Figures de Marillier, Moreau. et autres.*

88. — Galatée, roman pastoral imité de Cervantès, par de Florian. *Paris, Defer de Maisonneuve*, 1793, in-4, mar. rou. dent. tr. dor. 4 *figures en couleur par Monsiau.*

89. — La Malédiction paternelle (par Retif de la Bretonne). *Leipsick*, 1780, in-12, d.-rel. *Figures de Binet.*

90. — Histoire de don Quichotte de la Manche, trad. de l'espagnol par Filleau de Saint-Martin. *Paris, Sautelet*, 1826. 6 vol. in-8, d.-rel.

91. — Les Aventures du comte de Vinevil et d'Ardelise, sa fille, trad. de l'anglais, par Abot de Bazinghen, in-4 de 145 pages, d.-rel. v.

Manuscrit autographe.

92. — Diogenis Laertii vitæ et sententiæ philosophorum latine, Ambrosio Camaldulensi interprete, ex recognitione Benedicti Bronoli. *Impressum Venetiis, per Nicolaum Jenson Gallicum*, anno Domini 1475, in-fol. de 186 feuillets mar. br. fil. tr. dor. (*Simier*).

Édition très-rare. Bel exemplaire.

93. — Fratris francisci Maronis, super primum sententiarum opus. *Trivisiæ, per Michælem Manzolo*, 1476, pet. in-fol. goth. v. mar.

94. — Magistri Roberti Holkot super quatuor libros sententiarum questiones. *Lugduni, per Johannem Trechiel*, 1497, pet. in-fol. goth., d.-rel. parch.

95. — Guillermi Vorrillong ordinis fratrum minorum opus super quatuor libros sententiarum. *Lugduni*, 1489, pet. in-fol. goth., d.-rel. parch., 305 feuillets.

96. — Recueil de Pièces satiriques tant en vers qu'en prose, in-8, cart.

Manuscrit de 370 pages d'une belle écriture du XVIII° siècle.

97. — Traité de style épistolaire, suivi d'un Recueil de lettres choisies. Recueil de notices utiles et agréables. *Janvier 1744*, in-12, d.-rel., v. bleu.

Manuscrit.

98. — Le Breviere des courtisans à Matines, in-8, rel.

Manuscrit de 228 pages. A la fin on lit : Recopié de de par moi le 24 d'avril 1693. *George Loret.*

99. — Pot-pourry, composé d'anecdotes curieuses et de faits singuliers, recueillis pour instruire et pour corriger. 1765, in-fol., v. de 600 pages.

Manuscrit.

100. — Recueil de pièces littéraires, in-4, d.-rel. veau.

Manuscrit du XVIII° siècle.

101. — Lycée ou cours de Littérature ancienne et moderne, par La Harpe. *Paris, Didier*, 1834, 2 vol. gr. in-8 d.-rel. v. viol. *Portrait.*

102. — Analectabiblion ou Extraits critiques de divers livres rares oubliés, ou peu connus, tirés du Cabinet du Marquis D. R. (Du Roure). *Paris, Techener*, 1836, 2 vol. in-8, d. et c. v. ant.

103. — Correspondance littéraire, philosophique et critique, par Grimm et Diderot. *Paris*, 1813, 16 vol. in-8, d.-rel. v. ant.

104. — OEuvres complètes de Volney. *Paris, Didot*, 1837, gr. in-8 d.-rel. v. ant. *Portrait* et *Figures.*

105. — OEuvres de Bernardin de Saint-Pierre, mises en ordre par Aimé Martin. *Paris, Lefèvre*, 1836, 2 vol. gr. in-8, d.-rel. v. bleu. *Portrait* et *Figures.*

106. — OEuvres complètes de P.-L. Courier. *Paris, Didot*, 1837, gr. in-8, d.-rel. v. bleu. *Portrait.*

107. — OEuvres complètes de Chateaubriand. *Paris, Furne*, 1834, 4 vol. gr. in-8, d.-rel. v. bleu, n. rog. *Portrait* et *Figures.*

108. — Lamartine. OEuvres. *Paris, Gosselin.* 8 vol. in-8, d.-rel.
v. *Portrait.*

Souvenirs d'un voyage en Orient, 1835, 4 vol. —
Jocelyn, 1836, 2 vol. — La Chute d'un Ange, 1838, 2 vol.

HISTOIRE

I

VOYAGES — HISTOIRE ANCIENNE — HISTOIRE ÉTRANGÈRE

109. — La cosmographie universelle, par Seb. Munstere. 1560, in-fol. v. gr. *Cartes et plans* (Raccom.).

110. — Chronologie. In-fol. d.-rel. v.

Manuscrit composé par M. Abot de Bazinghen.

111. — Voyage pittoresque autour du monde, par Dumont d'Urville. *Paris*, 1834, 2 vol. gr. in-8, d.-rel. viol. n. rog. *Figures.*

112. — Voyage en Angleterre, en Écosse et en Irlande fait en l'année 1826, par Abot de Bazinghen. *Boulogne*, 1827, pet. in.-4, d.-rel. v. rou.

Manuscrit autographe avec dessins au crayon.

113. — Voyage de Chardin en Perse et autres lieux de l'Orient. *Paris*, 1811, 10 vol. in-8, et *atlas* in-fol. d. et c. v. bleu.

114. — Les vies des hommes illustres par Plutarque, trad. par Ricard. *Paris, Lefevre*, 1836, 2 vol. gr. in-8, d.-rel. v. ant. n. rog.

115. — La Grèce galante et l'histoire de la vie et des avantures de Laïs la Corinthienne, par Nicolas Menin. 1744. In-4, d.-rel. v. rose. 279 pages.

Manuscrit autographe de l'auteur.

116. — Justini ex Trogi Pompeii historiis philippicis libri XLIII. *Antverpiæ*, 1600, in-16, v. br.

Aux armes de Henri de Bourbon, évêque de Metz.

117. — Antique Urbis Romæ cum regionibus simulachrum. *Romæ*, 1532, in-fol. parch. *Figures sur bois.*

118. — OEuvres complètes de Robertson avec notice par Buchon. *Paris, Desrez*, 1836, 2 vol. gr. in-8, d. et c. v. viol.

119. — Histoire des Croisades, par Michaud. *Paris*, 1825, 6 vol. in-8, v. ant. gauf. fil. *Cartes.*

120. — Nieuw, en groote loots-mans Zee-Spiegel. *Amsterdam,* 1660, in-fol. v. mar. *Planches.*

121. — Annales du règne de Marie-Thérèse, impératrice douairière, reine de Hongrie, etc., par Fromageot. *Paris, Prault,* 1775, in-8, d.-rel. *Portrait et 4 figures de Moreau.*

A la suite : Considérations politiques sur les affaires présentes du Nord, parties. de la Pologne. *Londres,* 1774.

II

HISTOIRE DE FRANCE

122. — Recueil de traits historiques tirés de l'histoire de France, par un ancien conseiller municipal. *Boulogne,* 1840, 2 vol. in-18 chag. viol. tr. dor.

123. — France maritime. *Paris,* 2 vol. gr. in-8, d.-rel. v. viol. *Figures.*

124. — Histoire de la Marine française, par E. Sue. *Paris,* 1835, 5 vol. in-8, d. et c. v. rou. *Figures et cartes.*

125. — Le théâtre françois des seigneurs et dames illustres, par le R. P. Fr. Dinet. *Paris*, 1642, in-4 v. br. *Figures.*

126. — Histoire des ducs de Bourgogne, par de Barante. *Paris, Ladvocat*, 1824, 13 vol. in-8, d.-rel. v. vert. *Figures et cartes.*

127. — Chroniques françoises de Jacques Goudar, clerc, publiées par Fr. Michel, suivies de Recherches sur le style, par Ch. Nodier. *Paris, Janet*, in-12, papier vélin, rel. en velours, gren. tr. dor., *titre, lettres, vignettes et figures en or et couleurs.*

Imprimé en caractères gothiques.

128. — Mémoires de Messire Philippe de Comines, seigneur d'Argenton, augmentez par Denys Godefroy. — *Bruxelles, Foppens*, 1706, 3 vol. in-8, v. gr. *Portrait.*

129. — Chroniques de sire Jean Froissart, revues par Buchon. *Paris, Desrez*, 1835, 3 vol. gr. in-8, d.-rel. v. ant.

130. — Recueil de pièces pour servir à l'histoire de France, 1361-1790, 6 vol. in-fol. et in-4, d.-rel. v. bleu.

Précieux recueil de pièces manuscrites, formé par M. Abot de Bazinghen, conseiller à la cour des monnaies.

131. — Extrait du registre intitulé : Ordinationes antiquæ du règne de Charles IV et de Charles V, 1366-1414, in-fol., d.-rel. v.

Manuscrit de la fin du xviie siècle.

132. — Lettres patētes du Roy, contenant le Pouvoir dōné à M. le duc d'Anjou, son frère, lieutenant général de S. M., par tous ses païs, terres et seigneuries de son obéissance. *Paris, J. Dallier*, 1567, in-8, d.-rel. v. ant.

133. — La Légende de Charles, cardinal de Lorraine, et de ses frères de la Maison de Guise, descrite en trois livres par François de l'Isle. *Reims, de l'Imprimerie de J. Martin*, 1576, in-8, v. mar. fil.

134. — Satyre Menippée de la vertu du Catholicon d'Espagne et de la tenue des Estats de Paris. *Ratisbonne*, 1726, 3 vol. in-8, d. et c. mar. rou., fil. tr. dor. *Figures.*

135. — Journal des choses mémorables advenues durant le règne de Henri III, roi de France et de Pologne, *Cologne, chez les Héritiers de P. Marteau*, 1746, 4 vol. in-12, d.-rel. *Portraits et figures.*

136. — Journal du Règne de Henri IV, par Pierre de l'Étoile, avec des Remarques historiques. *La Haye, Vaillant*, 1741, 4 vol. in-8, v. gr.

137. — Histoire du cardinal duc de Richelieu, par le S. Aubery, *Paris*, 1660, in-fol. v. gr. *Portrait.*

138. — Pamphlet contre le cardinal de Richelieu, intitulé : Conversation de maître Guillaume avec la princesse de Conty, aux Champs-Élysées, pet. in-4 de 49 ff., d.-rel. v.

Manuscrit du xviie siècle.

139. — Les Intrigues amoureuses de la Cour de France, 169 pages. — Les Amours de Messaline, reine de l'Isle d'Albion, et ses intrigues amoureuses avec Louis, roy des Gaules, 16 pages. En 1 vol. in-4, v. mar. fil.

Manuscrit du xviie siècle.

140. — Histoire satirique de France. Recueil de pièces manuscrites en vers. 5 vol. in-4, d.-rel. v. viol.

Personnages du temps, 1640 à 1777. — Protestants et Jansénisme. — Noëls. — Pièces détachées de 1639 à 1814.

141. — Recueil curieux contenant plusieurs pièces détachées sur des événements mémorables depuis l'an 1650 jusqu'à la fin de 1726. 152 pièces imprimées et manuscrites. 2 vol. in-4 parch.

142. — Recueil curieux de plusieurs pièces, concernant les troubles arrivés dans le royaume, à l'occasion du minis-

tère du cardinal Mazarin. 1652. 25 pièces en 1 vol.
in-4 parch.

143. — La Minorité et la Majorité de Louis XV, roi de France, ou
recueil des édits, déclarations, lettres patentes, ordonnances et arrets du conseil de S. M., rendus depuis le 1er septembre 1715 jusqu'à l'année 1736,
avec des notes sur les événements les plus remarquables de ce temps, par messire Nicolas Menin, conseiller au Parlement de Metz. 12 vol. in-4, v. br.

> Précieux recueil d'environ 1,000 pièces imprimées et
> manuscrites rangées par ordre chronologique et donnant
> l'histoire très détaillée du règne de Louis XV.

144. — Annales des années 1724 et 1725 et recueil curieux de
pièces et de relations concernant tout ce qui a été fait
au sujet du mariage de Louis XV et de la princesse
Marie de Pologne. Environ 100 pièces manuscrites et
imprimées avec les notes particulières de M. Menin,
conseiller au Parlement de Metz, en un vol. in-4,
veau.

145. — Recueil historique et chronologique jusqu'en 1770, composé par M. Abot de Bazinghen. In-fol. d.-rel.

> Manuscrit de 800 pages de la fin du xvine siècle.

146. — Annalles du Régiment de Chartres Infanterie, commen-
cées le 15 may 1770 jusques et y compris 1771, 72 et

73 avec les changements survenus pendant ce temps dans le militaire, par G. de Bazinghen. *Strasbourg,* petit in-4, d.-rel.

Manuscrit autographe.

147. — Tableau des guerres de la Révolution, de 1792 à 1815, par P.-G. *Paris, Paulin,* 1838, gr. in-8, d.-rel. v. gr. *Cartes et portraits.*

148. — Histoire de Napoléon, par Laurent de l'Ardèche. *Paris, Dubochet.* 1840, gr. in-8, d.-rel. v. ant., *Figures par H. Vernet.*

III

HISTOIRE DES VILLES DE FRANCE

1. — Picardie. — Provinces diverses.

149. — Les Antiquitez et Recherches des villes, chasteaux et places les plus remarquables de toute la France, par André Du Chesne. *Paris,* 1647, in-8 parch.

150. — Le Coutumier de Picardie. *Paris,* 1726, 2 vol. in-folio. v. gr.

151. — Almanach historique et géographique de Picardie. *Amiens*, 6 vol. in-16, v. mar., fil. tr. dor.

Années 1782, 83, 87, 88 et 1789.

152. — Procès-verbal des séances de l'Assemblée provinciale de Picardie, tenue à Amiens en novembre et décembre 1787. *Amiens;* 1789, in-4 br.

153. — Mémoire concernant la généralité d'Amiens, dressé par M. Bignon, intendant d'Amiens. 1698, in-folio, v. br.

Manuscrit.

154. — Histoire ancienne et moderne d'Abbeville et de son arrondissement, par Louandre. *Abbeville*, 1834, in-8, dos et coins v. viol.

155. — État ou tableau de la ville de Paris considérée relat. au. nécessaire, à l'utile, à l'agréable et à l'administration. *Paris, Prault*, 1760, **3** part. en **1** vol. in-8, v. gr. *Plan*.

156. — Mémoire sur la ville de Cherbourg, par Cachin. *Paris, Didot*, 1820, in-4, d. et c. v. viol. *Planches*.

157. — Recueil de mémoires et factums publiés de 1717 à 1740, 550 pièces en deux vol. in-folio. P. rel.

Importante collection recueillie par Nicolas Menin, conseiller du roi à la cour de Metz.

158. — Méniniana. Vie de M. Nicolas Menin, avocat en Parlement, écrite par lui-même. In-4 parch.

Manuscrit daté de 1745.

159. — Schœpflin, professeur d'histoire à Strasbourg en 1769 Histoire des traités de paix. — Traité sur les prétentions des puissances de l'Europe, in-4, d.-rel. v. bleu.

Manuscrit.

160. — Voyage dans les départements du midi de la France, par A.-L. Millin. *Paris, I. I.* 1807-11, 4 vol. in-8 et *atlas* in-4, d. et c. v. viol.

---

2. — Histoire du Boulonnais.

161. — Histoire de la Flandre et de ses institutions civiles et politiques, par Warnkœnig, trad. de l'allemand par Gheldoff. *Bruxelles,* 1835, 2 vol. in-8, d.-rel. v. viol. *Cartes.*

162. — Histoire d'Artois, par dom Devienne. 1784-1787, 5 part. en 2 vol. in-8, d.-rel.

163. — Pas-de-Calais, Boulogne, Saint-Omer, etc. 26 br. de div. formats.

> Le génie calaisien. 1627. — Lieu de naissance de Godefroid de Bouillon, par l'abbé Barbe. — Histoire des Flamands du Haut-Pont et de Lyzel, par Piers. — Monnaies de Saint-Omer, par Hermand, etc.

164. — Annales de Calais et du pays reconquis par Bernard. *Saint-Omer, Carlier,* 1715, in-4, d.-rel.

> Exemplaire auquel on a joint deux lettres autographes de l'auteur.

165. — Mémoires de la Société des antiquaires de la Morinie *Saint-Omer,* 1833-40, 5 vol. in-8, d.-rel. v. vert de *atlas,* pour 1839-40, in-4.

166. — Traicté du chancelier de Bourgongne sur les prétentions et différends qui sont entre les maisons de France et d'Autriche. In-folio d.-rel. v. 78 p.

> Manuscrit du xviie siècle comprenant plusieurs pièces sur l'Artois et la Picardie.

167. — Mémoire géologique sur les terrains du bas Boulonnais et particulièrement sur les calcaires compactes ou grenus qu'il renferme, par Garnier. *Boulogne,* 1823, in-4, d.-rel. *Pl. color.*

> A la suite : Notice sur la colonne des Bourbons par la soc. d'agriculture de Boulogne. *Planche.*

168. — Plantes observées en Boulonnois, par Abot de Bazinghen.
1786, in-4. P. rel. v.

Manuscrit.

169. — Coustumes generales et locales de la comté et senes-
chaussée de Boullenois. 1550, pet. in-4, d.-rel. v.

Manuscrit de 59 ff.

170. — Coustumes generales de la conté et seneschaucée de
Boullenois, avec la largeur et grandeur des chemins
et l'estat d'iceux. — Coustumes generales du bailliage
Damiens. In-folio de 36 ff., d.-rel.

Manuscrit sur papier daté de 1493.

171. — Extraits des titres de messieurs de Campagne en
Boulonnois 1084-1767, in-folio v.

Manuscrit

172. — Journal du Boulonnois de 1779 à 1798. In-folio
d.-rel. v.

Manuscrit.

173. — Boulogne-sur-Mer. Recueil de 20 pièces imprimées et
manuscrites.

Bénéfices du diocèse de Boulogne. 1701. Ms. — Mar-
tyrologe des fondations de l'église cathédrale de Boulogne.

1694. — Divers mandements des évêques de Boulogne de
1685 à 1790.

174. — Histoire de Boulogne. Recueil d'environ 500 pièces manuscrites et imprimées concernant l'histoire de Boulogne et du pays Boulonnois. 1500-1800, en 4 portef.
in-4.

> Précieux recueil formé par M. Abot de Bazinghen, en
> vue d'une histoire générale du Boulonnais.

175. — Boulogne-sur-Mer. 8 vol. in-8 et in-18 rel.

> Rituel de Boulogne. 1751. — Essai sur l'histoire phy-
> sico-médicinale de Boulogne, par Souquet. 1789. — N.-D.
> de Boulogne, par Leroy. 1827 — Lettres d'une femme sen-
> sible. *Boulogne*, 1836. — L'orpheline courant les hasards.
> *Boulogne*, 1828, etc.

176. — Recherches pour parvenir à faire l'histoire de Boulogne et
du Boulonnais. Notes recueillies par M. Abot de Bazinghen, conseiller à la cour des monnaies. Fort vol.
in-4, d.-rel.

> Manuscrit.

177. — Diocèse de Boulogne-sur-Mer. In-folio de 117 ff. d.-rel.

> Manuscrit du xviii siècle.

178. — Mémoire historique touchant la ville de Boulogne sur la
mer et païs et comté Boullenois, recueilli avec la plus

grande exactitude qu'il a esté possible, par Ch. Regnard, sieur de Limoges. *Boulogne,* 1658, in-4 de 164 p., d.-rel.

Manuscrit.

179. — Recherches historiques sur la ville de Boulogne-sur-Mer et sur l'ancienne province du Boulonnais. Ouvrage inédit de M. Abot de Bazinghen; mis en ordre et publié par M. le baron Wattier. *Boulogne,* 1822, in-8, v. ant. gauf. n. rogn.

180. — Précis de l'histoire physique, civile et politique de la ville de Boulogne-sur-Mer et de ses environs, par Bertrand. *Boulogne,* 1828, 2 vol. in-8, d. et coins v. viol. *Cartes et figures.*

181. — Le siège de Boulogne en 1544, poème par le baron d'Ordre, avec des notes historiques par Marmin. *Boulogne,* 1825, in-8°, d.-rel. v. ant. *Plan.*

182. — Histoire de N.-D. de Boulogne, par Leroy, in-4° de 233 pages, d.-rel. v.

Manuscrit autographe de l'auteur composé vers 1700.

183. — Histoire de Nostre-Dame de Boulogne, par Antoine Le Roy, chanoine de Boulogne. *Paris, Couterot,* 1682. in-8 maroq. rou. dent. doublé de moire, tr. dor. *Fig.*

184. — Histoire de Notre-Dame de Boulogne par Ant. Leroi, continuée jusqu'en 1839. *Boulogne*, 1839, in-8, dos et coins v. vert *Figures.*

185. — Boulogne et la Ligue, tiré du manuscrit d'un auteur qui était contemporain, revu et augmenté de notes historiques sur Boulogne, par Abot de Bazinghen, 1836, en feuilles.

Manuscrit autographe de l'auteur.

186. — Registre et journal des élections, procès-verbaux, délibérations de la municipalité de Saint-Martin de Boulogne. 1790-1794, in-fol., parch.

Manuscrit du temps.

187. — Ordres du jour de la flottille nationale, commandée par l'amiral Bruix à Boulogne, 1804-1805, in-fol. bas.

188. — Statuts synodaux du diocèse de Boulogne par Mgr l'Évêque. *Boulogne*, 1701, pet. in-4, dos et coins, v. fau.

189. — Affiches, annonces et avis divers, 1783-1784, in-4, d.-rel.

190. — Poeme heroyque sur l'histoire de l'image miraculeuse de Nostre-Dame de Boulongne, par Jacques d'Auvergne. *Lille*, 1681, in-12, d.-rel.

191. — Essai historique, topographique et statistique sur l'arrondissement communal de Boulogne-sur-Mer, par J.-F. Henry. *Boulogne*, 1810, in-4, d.-rel. v. viol. *Cartes.*

192. — Précis des travaux de la Société médicale de Boulogne-sur-Mer depuis sa fondation en 1836 jusqu'en 1839. *Boulogne*, 1839, in-8, d. et c. v. vert.

Envoi d'auteur à M. le baron Vattier.

193. — Chronique d'Arras et de Cambrai, par Balderic, chantre de Térouane au xie siècle, trad. par Faverot. *Valenciennes*, in-8 d.-rel. v. vert. *Fig.*

194. — Notre-Dame de Saint-Omer, ou recherches sur cette église, par Quenson. *Douai*, s. d. gr. in-8, d.-rel. v. bleu, n. rog.

Grand papier vélin.

195. — Chartes de fondation et de dotation de canonicats et de chapellenies à Tournehem, 1504. 6 pièces manuscrites sur parchemin.

196. — Histoire de la ville de Thérouanne, et notices historiques sur Fauquembergues et Renti, par Piers. *Saint-Omer*, 1833, in-8, d.-rel. v. vert.

PARALIPOMÈNES HISTORIQUES

I

NUMISMATIQUE

Monnaies — Médailles

197. — Traité élémentaire de Numismatique ancienne, grecque
et romaine, par Gérard Jacob K. *Paris*, 1825, 2 vol.
in-8, d.-rel. v. ant. *Planches.*

198. — Illustrium imagines (à la fin.) Imperatorum et illustrium
virorum ac mulierum vultus et antiquis numismati-
bus expressi: emendatum corrept. opus per Andream
Fulvium. *Romæ, apud J. Mazochium*, 1517. in-8,
vel. *Figures.*

199. — Gorlæi thesaurus numismatum romanorum. *Amstelæ-
dami*, 1608, pet.-in-fol., parch. *Figures.*

200. — Familiæ romanæ in antiquis numismatibus burbe condita ad tempora divi Augusti. auct. C. Patin. *Parisiis*, 1663, in-fol. vel. *Frontisp.* et *figures.*

201. — Numismata ærea imperatorum, Augustarum et Cæsarum. Auctore F. Vaillant *Parisiis*, 1688, 2 part. en 1 vol. in-fol. v. gr. *Portrait et figures.*

202. — Imperatorum romanorum numismata descripta et enarrata, per C. Patinum. *Parisiis, Cramoisy*, 1696, in-fol. v. gr. *Planches.*

203. — Numismata imperatorum romanorum a Trajano decio. Opera et studio A. Banduri. *Lutetiæ Parisiorum*, 1718, 2 vol. in-fol. v. gr. *Planches.*

204. — Histoire romaine éclaircie par les Médailles, par J.-L. Schulz. *Paris*, 1783, in-8 br. *Planches.*

205. — Gotha nummaria sistens Thesauri Frediriciani numismata antiqua auct. Liebe. Amstelœdami, 1730, in-fol. v. mar. *Frontisp, portrait et figures.*

206. — De Seghelen der Graven van Vlaendren door Olivier de Wree. *Bruges*, 1640, pet. in-fol. parch. *Figures.*

207. — Recherches curieuses des Monoyes de France depuis le

commencement de la Monarchie, par Cl. Bouteroue, *Paris*, 1666, in-fol. mar. rou. fil. tr. dor. *Planches.* (Rel. anc.)

208. — Traité historique des Monnoyes de France, par Le Blanc. Augm. d'une dissertation. Amsterdam, P. Mortier, 1692, in-4, v. gr. *Planches.*

209. — Traitez des Monnoyes, par H. Poulain, conseiller en la Cour des Monnoyes. *Paris*, 1709, in-12, v. br.

210. — Traité des Monnoies et de la juridiction de la Cour des Monnoies, par Abot de Bazinghen. *Paris*, 1764, 2 vol. in-4, v. gr. fil.

> Huit pièces, arrêts, etc., concernant les monnaies, les pierres et perles fausses ont été ajoutées à la fin du premier volume.

211. — Recueil de Monnoies tant anciennes que modernes, ou dictionnaire histor. des Monnoies qui peuvent être connues dans les quatre parties du monde, avec leur poids, titre et valeur, par de Salzade. *Bruxelles*, 1767, in-4, d.-rel.

212. — Tables des Monnoies courantes dans les quatre parties du monde, avec leur valeur réduite aux espèces de France, par Abot de Bazinghen, conseiller en la Cour

des Monnoies de Paris. *Paris, Lacombe*, 1767, pet.
in-8, v. mar. fil.

213. — Monnaies, matières d'or et d'argent, finances, banque,
etc., Recueil d'arrêts du Conseil d'État du roi et de
la Cour des monnaies, mémoires, factums, déclarations, etc., concernant les monnaies et l'orfévrerie.
Environ 1500 pièces imprimées et manuscrites de
1650 à 1790.

214. — Code monétaire. Projet d'une ordonnance générale sur
le fait des monnoyes, avec les preuves tirées des ordonnances anciennes, par de Nointel. 1745, in-4,
veau.

Manuscrit.

215. — Ordonnance du Roy Henry III sur le faict de ses Monnoyes. *Paris, J. Dallier*, 1574, in-8, rel. *Figures*.

216. — Edicts du Roy sur les Monnoyes, 4 pièces en un vol.
in-12, v. gr.

Déclaration du Roy portant que toutes monnoyes d'or
legères des païs estrangers seront converties en espèces
d'or de poids portant le nom du Roy 1640. — Déclaration
portant prolongation du terme du convertissement des
espèces d'or, etc. 1640. — Edict du Roy portant nouvelle

fabrication d'espèces d'argent, etc. 1651. — Edict du Roy
portant que les douzains deniers, auront cours pour quinze
ans, 1640, etc.

217. — Sommaire des édits et ordonnances royaux, concernant
la Cour des Monnoyes, par François Garrault, 1741,
in-4, v. mar.

Manuscrit.

218. — Dépouillement des justiciables de la Cour des Monnoies,
leur nombre, les noms des villes et bourgs où ils sont
établis et des Monnoies d'où ils ressortissent. *Paris*,
1746, in-4, v. mar.

Manuscrit.

II

CHEVALERIE — NOBLESSE — BLASON

219. — Histoire de la Maison royale de France et des grands
officiers de la Couronne par le P. Anselme. *Paris*,
Loyson, 1674, 2 vol. in-4, v. gr. *Portrait et fig.*

220. — Histoire des hommes illustres de la maison de Médicis avec un abrégé des comtes de Bolongne et d'Auvergne (par J. Nestor). — *Paris*, 1564, pet. in 4, v. |fau.

221. — Histoire généalogique de la maison d'Auvergne par Iustel, *Paris, Vᵉ Du Puy*, 1645. — Histoire généalogique de la maison de Turenne par Iustel, 1645, en un vol. in-fol. v. gr. fil. *Figures.*

222. — Cérémonies des gages de bataille publ. par Crapelet. *Paris, Crapelet*, 1830, gr. in-8, cart. n. rog. *Planches.*

223. — Les demandes faites par le roi Charles VI touchant son état et le gouvernement de sa personne avec les réponses de P. Salmon, pub. par Crapelet. *Paris, Crapelet*, 1833, gr. in-8 cart. n. rog. *Planches.*

224. — Des cérémonies du Sacre. Recherches historiques et critiques par C. Leber. *Paris*, 1825, in-8 v. fau. *48 planches.*

225. — Histoire de tous les ordres militaires ou de chevalerie. *Amsterdam*, 1699, 2 tom. en 1 vol. in-8, v. mar. *115 planches.* Histoire des ordres religieux de l'un et l'autre sexe. *Amsterdam*, 1695, 12 part. en 1 vol. *234 planches*; ens. 2 vol. in-8, v. mar. *Planches gravées par A. Schoonebeeck.*

Les planches ont été coloriées.

226. — Ordre de Saint-Michel. L'Institution et ordōnāce des
chevaliers de l'ordre des tres chrestiens Roys de France
(en 1469). in-4. de 34 ff. v. fau. fil. orn. reliure du
xvi° siècle.

> Manuscrit du commencement du xvi° siècle, orné de
> nombreuses initiales peintes.

227. — L'État de la France cont. les princes, le clergé, les ducs
et pairs, etc. (par les religieux Augustins). *Paris*, de
Nully, 1736, 6 vol. in 12, v. gr. *Blasons*.

228. — État de la France dans lequel on voit tout ce qui regarde
le gouvernement ecclésiastique, le Militaire, la Justice,
etc., par le comte de Boulainvilliers. *Londres*, 1737,
6 vol. in-12 v. gr. *Portraits*.

229. — Armorial général de l'Empire français par H. Simon
Paris, 1812, in-fol. cart. *Planches* (tome I\u1d49r).

III

BIBLIOGRAPHIE — JOURNAUX

230. — Catalogue des livres rares et précieux de la bibliothèque
du comte de Mac-Carthy Reagh. *Paris, de Bure*, 1815,
2 vol. in-8 v. rac. *Planches*.

231. — Catalogue des livres de la bibliothèque du duc de La Vallière par G. de Bure. *Paris, de Bure*, 1783, 3 vol. in-8. v. gr. *Portrait par Cochin.* (Prix)

232. — Mémoire concernant le commerce, les livres et les journaux, pet. in-8 parchem.

> Manuscrit. On lit sur la garde :
> Ce mémoire a été fait par M. Dupin, receveur général des finances; je le tiens de M. le marquis d'Alègre en 1726.

233. — Gazette de Hollande. *Amsterdam*, avec privilège de nos seigneurs les états de Hollande et de West-Frise, du 9 janvier au 29 décembre 1764, en 1 vol. in-4. v. gr.

234. — Journal de Paris, 1777-1784, 8 vol. pet. in-4. d. rel.

235. — Annuaire de la Société Montyon et Franklin pour les années 1833, 34, 35 et 1836. *Paris, Imp. Renouard,* 4 années en 2 vol. in-8 d. rel. v. bleu, n. rog. *Portraits gravés.*

236. — Dictionnaire de la conversation et de la lecture. *Paris, Belin-Mandar*, 1833-39, 52 vol. in-8 d. rel. v. bleu.

237. — Encyclopédie, ou dictionnaire raisonné des Arts, des Sciences et des Métiers. Genève 1777, 36 vol. Planches, 3 vol., tables 6 vol., ens. 45 vol. in-4. d. rel. *Portraits de Diderot et d'Alembert par Cochin.*

ÉMAUX

238. — Belle châsse en cuivre, fond gravé offrant d'un côté en relief des figures de saintes en émail byzantin, encadrées de cabochons ; de l'autre côté des figures d'archanges réservées et gravées sur fond d'émail bleu, vert et rouge. Les côtés représentent des figures de saintes gravées et réservées sur fond émaillé ; les montants sont en forme de clochetons et le dôme est surmonté d'une galerie fleurdelisée. L'intérieur est garni en velours (avec sa petite clef triangulaire).

239. — Baiser de paix en ivoire, offrant en bas-relief l'Annonciation, XVIe siècle.

240. — Reliquaire en cuivre décoré d'ornements et de figures d'archanges, XVIe siècle.

241. — Groupe en ivoire sculpté : la Vierge et l'Enfant, tenant, l'une un cœur enflammé, l'autre une boule et dominant l'Esprit du mal, qui se redresse à leurs pieds XVIe siècle.

242. — Joli vidrecome en ivoire décoré au pourtour d'un Triom-
phe de Bacchus, monture en bronze doré.

243. — Pyxide forme ogivale en cuivre gravé, rehaussé de vestiges d'or et ornée de cabochons, xvᵉ siècle.

244. — Reliquaire en cuivre gravé, xvᵉ siècle.

245. — Custode en émail byzantin, fond bleu avec médaillons
réservés à rosaces émaillées blanc.

246. — Belle croix en émail byzantin, champlevé fond gros
bleu à rosaces, offrant en haut une figure de Sainte,
aux extrémités des animaux symboliques et au centre
la figure du Christ coiffé d'une couronne, rehaussé
de vestiges d'or et d'émail.

247. — Croix d'autel composée de neuf jolies plaquettes en
ivoire finement sculpté, offrant en bas-relief des
scènes allégoriques à la vie du Christ, xvɪᵉ siècle.

248. — Croix de procession en bois, avec figures du Christ et
d'archanges en cuivre, xvɪɪᵉ siècle.

249. — Figurine de Saint, en ivoire, xvɪɪᵉ siècle.

250. — Figurine de saint Jean assis, en ivoire, xvɪᵉ siècle.

251. — Coupe avec Couvercle en ivoire de forme lobée.
xvɪɪɪᵉ siècle.

252. — Beau groupe représentant saint Roch, en bronze, fonte
à cire perdue, xvi⁰ siècle.

253. — Joli petit Couvert avec manche en ivoire sculpté, représentant Adam et Ève, et Samson luttant contre le lion,
avec étui en bois sculpté, offrant sur ses quatre
faces des scènes à nombreux petits personnages,
allégories à la vie des saints et des chevaliers,
xvi⁰ siècle.

254. — Joli petit Gobelet en argent repoussé et gravé, offrant
des médaillons à têtes d'enfants et d'hommes, sur
fond à ornements fleurs et coquilles, xvi⁰ siècle.

255. — Petite Coupe en argent doré, décorée de médailles à
effigies mythologiques, xvi⁰ siècle.

256. — Poudrière en os gravé à fleurs et caractères xvi⁰ siècle.

257. — Monture de Reliquaire en cuivre, entourage fleurde-
lisé, xvi⁰ siècle.

258. — Émail de Limoges représentant une offrande à la Vierge
et à l'Enfant, signé au revers : J. Nouailhier, émailleur à Limoges.

259. — Plaque en émail de Limoges, représentant l'Annonciation, grisaille rehaussée d'or, fin du xvi⁰ siècle.

260. — Émail de Limoges, représentant saint Louis en prière, signé au revers : Nouailhier, émailleur à Limoges.

261. — Plaque en émail de Limoges, représentant sainte Catherine, signée du monogramme de Jean Laudin.

262. — Plaque en émail de Limoges, représentant Saint Nicolas, peinture en couleur, rehaussée d'or, signée du monogramme de Jean Laudin.

263. — Bonbonnière en nacre gravée, offrant en bas-relief des mandarins : monture cuivre, travail chinois.

264. — Miniature rectangulaire représentant une jeune femme nue couchée, dans son écrin en cuir clouté.

265. — Figurine bronze antique, patine verte, socle marbre blanc.

266. — Deux Chandeliers en émail de Betersee, fond blanc à fleurs, médaillons à paysages et fond gros bleu à rehauts d'or.

267. — Six Flambeaux d'autel en bronze à base triangulaire, décorés de fleurs de lis et de têtes de chérubins, fuseaux tors, XVIe siècle.

268. — Deux Flambeaux d'autel en cuivre repercé et ciselé, décorés de fruits et d'ornements.

269. — Deux petits Flambeaux en cuivre du xvie siècle.

270. — Poudrière en corne gravée, représentant d'un côté les divertissements d'un grand seigneur et de l'autre les attributs de la Paix et de la Guerre, xviiie siècle.

271. — Joli Mortier en bronze gothique, offrant au pourtour des écussons, des rosaces, des médaillons allégoriques, des figures de saints et une inscription.

272. — Petite Aiguière en bronze du xvie siècle.

273. — Bouteille forme persane en bronze émaillé et gravé, xvie siècle.

274. — Croix portugaise en bois incrusté de nacre du xvie siècle.

275. — Plaque en émail de Limoges, le Christ en croix, encadrement à ornemets en reliefs. Renfermée dans un reliquaire du xviie siècle.

276. — Belle Miniature, feuille de missel et encadrement en cuivre finement repercé et rehaussé de vestiges d'émaux, travail du xviie siècle.

277. — Quatre Bas-Reliefs sur albâtre, représentant des allégories à la vie du Christ, xvie siècle.

278. — Baiser de paix gréco-russe, à fond d'or, avec Vierge et
Enfant couronnés par les archanges et entourés de
figures de saints peints en grisaille et en couleurs,
rehaussés d'or, dans un cadre en écaille relevé d'or,
XVIIe siècle.

279. — Plaque rectangulaire en émail de Limoges, représentant
une des stations de la Croix, XVe siècle, cadre en bois
sculpté et doré du temps de Louis XIV.

280. — Bas-relief en repoussé sur cuivre, représentant l'Annonciation, XVIIe siècle.

281. — Triptyque offrant dans le panneau central neuf médaillons en émail de Limoges montés sur fond de bois
sculpté et doré du XVe siècle. Sur chaque volet sont
peintes des figures de saints.

282. — Triptyque offrant au centre un bas-relief en marbre
rehaussé de peintures et de vestiges d'or ; composition de six personnages.

283. — Plaque rectangulaire en émail de Limoges représentant
le Christ en croix entouré des saintes femmes et des
archanges. Signée au revers du sigle I. R., Jean Ray-
mond, à Limoges.

284. — Encrier triangulaire avec figure de Satyre, bronze du
XVIe siècle.

285. — Plat à ombilic en cuivre gravé et argenté, décoré d'armoiries, de sujets de chasse et d'ornements, xvie siècle.

286. — Triptyque en émail de Limoges, offrant au centre le Christ en croix et les saintes femmes. Sur les volets de côté, des figures d'archanges; au fronton le Père éternel et des anges.

287. — Miroir Renaissance de forme octogone en cuivre repoussé et ciselé, décoré de têtes de chérubins et d'enroulements.

288. — Paire de Candélabres à cinq lumières en fer forgé, forme tourelles, ornées de fleurs, style gothique.

289. — Deux Plaques en émail, style byzantin, sujets tirés de la vie du Christ. Encadrées.

290. — Coffret en bois plaqué écaille.

291. — Bas-relief en marbre (la Visitation).

292. — Médaillon en marbre (Vierge, xve siècle).

293. — Plaque gravée en argent (xvie siècle).

294. — Bas-relief en cuivre du xvie siècle.

295. — Grand Coffret en cuir du xvie siècle.

296. — Autre Coffret.

297. — Autre Coffret carré.

298. — Tableau en verre églomisé.

RETABLE

299. — Magnifique Retable en bois sculpté du xvᵉ siècle, représentant au centre le Calvaire et une Station de la Croix, à gauche le Martyre du Christ, et à droite la Mise au Tombeau. Ces différentes scènes sont composées de nombreux personnages sculptés en haut relief et représentés en riches costumes, rehaussés d'or. Le monument, d'architecture gothique à jour, très finement sculpté, est doré. Au-dessous des scènes de la Passion sont représentés les douze apôtres, placés sous des arceaux.

Ce Retable provient d'une église de Neufchâtel et mérite d'être signalé par son importance et sa conservation.

300. — Chapelle de style gothique renfermant un groupe composé de dix personnages, représentant la Mise au Tombeau, travail du xvᵉ siècle.

301. — Groupe en bois sculpté, la Vierge et l'Enfant, xviiᵉ siècle.

302. — Petit groupe en bois sculpté, la Vierge et l'Enfant, xvie siècle.

303. — Bas-relief, bois sculpté, rehaussé de peinture, l'Annonciation, xve siècle.

304. — Bas-relief, bois sculpté, rehaussé de peinture, la Barque du Rédempteur, xve siècle.

305. — Bas-relief, bois sculpté, rehaussé de peinture, représentant l'Exécution de Trois Martyrs, xve siècle.

306. — Fragment de bas-relief, rehaussé de peinture, représentant un personnage écrasé sous un chariot, xve siècle.

307. — Bas-relief représentant le Christ secouru par les saintes femmes, xve siècle.

308. — Bas-relief, bois sculpté et peint, représentant saint Joseph et la Vierge, xve siècle.

309. — Bas-relief, bois sculpté et peint, représentant les Trois Disciples d'Emmaüs, xve siècle.

310. — Bas-relief, bois sculpté et peint, représentant une Femme en prière dans un temple, xvie siècle.

311. — Bas-relief, bois sculpté et peint, représentant une Station de la Croix, xve siècle.

312. — Panneau d'autel, bois sculpté et peint, offrant en bas-relief l'Adoration, xvie siècle.

313. — Figurine d'évêque en bois sculpté, fragment de monument posé sur une console, xvie siècle.

314. — Trois Figures de saints en bois sculpté, posés sur des consoles, xvie siècle.

315. — Figure de saint, sculpté en bas-relief sur un panneau rectangulaire, xviie siècle.

316. — Bas-relief bois sculpté, la Vierge et l'Enfant, xviie siècle.

317. — Fronton d'autel, offrant au centre une inscription et une figure de saint rehaussée d'or avec peinture, style xvie siècle.

318. — Belle crosse d'évêque en bois sculpté, représentant une cathédrale et un groupe de 2 figures tenant une châsse enveloppée dans un enroulement, bâton forme torse, travail gothique.

319. — Bâton de procession avec cartouche en cuivre, rehaussé de peinture.

320. — Figurine en bois sculpté : Fénelon, par Duquesnoy.

321. — Groupe en bois sculpté : Vierge et Enfant, xvie siècle.

322. — Deux Panneaux en noyer sculpté à personnages, XVIIe siècle.

323. — Deux grands Panneaux en noyer sculpté à figures, XVIe siècle.

324. — Beau Cadre en bois finement sculpté, offrant en bas-relief des dauphins, des corbeilles de fleurs et des ornements. OEuvre de Pietro Giusti.

325. — Retable en bois sculpté à figures en bas-relief, XVe siècle.

326. — Panneau en bois sculpté représentant Junon, XVIe siècle.

327. — Bas-relief sur bois, XVIe siècle.

BRONZES D'AMEUBLEMENT

328. — Pendule d'aspect monumental en marbre blanc, orné de bronze doré et de médaillons en wedgwood; cadran signé de Chefdreu, à Paris, époque Louis XVI.

329. — Très belle Pendule avec socle-console en bois laqué vert, richement orné de bronzes dorés et ciselés, rocailles, enroulements et coquilles attribués à Caffieri. Cadran signé de Simon, époque Louis XV.

330. — Beau Braséro tripode, avec couvercle et plateau en cuivre poli. Travail espagnol du XVIIe siècle.

331. — Paire de Candélabres en bronze à quatre lumières, style Louis XVI.

332. — Belle Pendule, forme fût recouvert d'une draperie en bronze ciselé et doré, surmonté du buste de Louis XVI. Socle en marbre blanc orné de bronze doré. Travail de l'époque.

ARMURES. — ARMES

333. — Belle Armure complète en fer décoré de cannelures, xvi° siècle.

334. — Armure complète en fer uni, époque Charles VI.

335. — Armure complète en fer partie noirci, xvi° siècle.

336. — Armure complète de fantassin de la Ligue en fer uni et clouté.

337. — Beau Bouclier en fer repoussé et gravé, avec pointe au centre prenant naissance sur un ombilic à feuille d'eau et attributs, offrant au tour des médaillons à figures de guerriers, des rinceaux fleuronnés se terminant en têtes de dauphins. Bordure décorée de feuilles de chêne et ornée de têtes de lions en cuivre se détachant en relief, xvi° siècle.

338. — Beau Bouclier en fer repoussé, représentant au centre deux cavaliers combattant sous les murs d'un château fort. Bordure à torsades et cloutée, xvi° siècle.

339. — Bouclier en fer gravé offrant au centre une allégorie
d'Alexandre devant Babylone, autour des rinceaux et
quatre médaillons à figures de guerriers (la gravure
a été reprise), xvi⁰ siècle.

340. — Bouclier en fer norci avec pointe au centre et quatre personnages en repoussé.

341. — Rondache en peau blonde, rehaussée d'or et ornée au
centre de quatre appliques en cuivre gravé, repercé
et d'un croissant; travail oriental du xvi⁰ siècle.

342. — Épée à deux mains avec inscription gravée sur la lame,
garde et quillons en fer gravé noirci, pommeau poin-
tillé, xv⁰ siècle.

343. — Fragment d'armure de cheval en fer gravé.

344. — Épée à deux mains, à lame flamboyante, garde fleurdelisée, quillon courbé à enroulement, xv⁰ siècle.

345. — Épée, garde en croix et pommeau en fer noirci.

346. — Épée à lame plate avec garde et pommeau côtelés en fer
noirci, xv⁰ siècle.

347. — Épée à lame fine avec inscription au talon, garde à croi-
sillons en fer noirci, xvi⁰ siècle.

348. — Épée à lame triangulaire, garde en fer, xviie siècle.

349. — Épée à lame plate avec quillons à têtes de serpents et pommeau à rainures en fer noirci, xvie siècle.

350. — Épée à lame fine avec garde ornée d'une petite coquille en fer noirci, xvie siècle.

351. — Épée à lame plate avec inscription au talon, garde en fer ajouré forme corbeille, quillons droits à rinceaux, pommeau fasté en fer noirci, xvie siècle.

352. — Six Hallebardes en fer avec leurs hampes en bois et en velours.

353. — Épée à lame plate, garde à quillons courbes, dont un cassé.

354. — Pistolet orné d'incrustations d'ivoire, xvie siècle.

355. — Hache en fer, décorée d'arabesques et de côtes tournantes avec inscription : Jean Anco.

356. — Pistolet à crosse allongée, orné d'incrustation d'ivoire, xvie siècle.

357. — Yatagan avec fourreau en argent repoussé, travail oriental du xviiie siècle.

358. — Hache rehaussée de vestiges d'or et offrant en gravures des médaillons à figures de cavaliers.

359. — Poignard oriental à lame courbe, fourreau en velours garni de cuivre doré.

360. — Marteau en fer uni.

361. — Pistolet orné d'incrustations de nacre et d'ivoire du xvie siècle.

362. — Main gauche à lame plate, xvie siècle.

363. — Poignard avec joli fourreau en fer doré représentant, finement ciselée et à jour, une scène guerrière du moyen âge.

364. — Dague avec garde en fer, décorée d'oiseaux et d'arabesques, du xvie siècle.

365. — Dague avec poignée en bois et fourreau en cuir, xvie siècle.

366. — Petite lance en fer, xvie siècle.

367. — Hache en fer gravé décorée d'attributs.

368. — Dague à lame quadrangulaire, garde et pommeau cannelés.

369. — Sceptre en fer gravé.

370. — Hache en fer incrusté.

371. — Masse d'arme en fer noirci.

372. — Masse d'arme en fer uni.

373. — Serpette, manche en bois.

374. — Couteau de chasse avec lame portant inscription :

Potsdam, aux armes de Frédéric II.

375. — Couteau de chasse à lame gravée et manche d'ivoire.

376. — Sabre indien, lame cassée.

377. — Couteau de chasse, manche d'ivoire.

378. — Éperon en fer du xviiᵉ siècle.

379. — Poudrière ronde en noyer incrusté d'ivoire, xviᵉ siècle.

380. — Poudrière en ivoire sculpté, xviᵉ siècle.

381. — Gobelet de chasse en ivoire gravé, à sujets guerriers et arabesques, xviᵉ siècle.

382. — Masse d'arme en fer incrusté, forme tête de bœuf, travail oriental.

383. — Hache en fer gravé et incrusté, travail d'Orient.

384. — Yatagan à lame incrustée d'argent, xvie siècle.

385. — Yatagan à manche d'ivoire, garniture ragent, xvie siècle.

386. — Poignard à lame courbe, poignée en fer incrusté.

387. — Couteau de chasse à manche d'ivoire.

388. — Poignard courbe, manche d'ivoire.

FAIENCES. — GRÈS

389. — Plat ovale en faïence de Bernard Palissy représentant le Baptême, bordure à godrons et ornements.

390. — Plat en faïence de Bernard Palissy, représentant le Martyre de saint Jean, bordure dentelée.

391. — Groupe en faïence de Bernard Palissy, la Nourrice.

392. — Plat ovale en faïence de Bernard Palissy, le Sacrifice d'Abraham, bordure à fleurs et ornements.

393. — Petite Coupe en faïence de la suite de Bernard Palissy, représentant au centre une pastorale.

394. — Trois Plats en faïence de Castelli, décor à personnages, xviie siècle.

395. — Jolie Coupe sur piédouche en faïence d'Urbino, décor à reflets métalliques rubis et mordorés, représentant des scènes pastorales; au revers, des arabesques à rehauts d'or. Attribuée à Horatio Fontana.

396. — Deux Plats en faïence d'Urbino, représentant un joli paysage avec un groupe allégorique des pastorales de Longus ; au fond, vue de château fort, et sur le bord une armoirie du xvi° siècle.

397. — Plat rond en faïence des Abbruzzes, décor à la Raphaël.

398. — Grand Plat rond en faïence allemande, décoré au centre d'une figure et de la date 1532.

399. — Deux Aiguières en faïence de Castel-Durante, décor à ornements et écussons sur fond bleu, xvii° siècle.

400. — Grande Cruche en grès d'Avignon, décorée de sujets allégoriques d'Adam et Ève, de rosaces et de pommes de pin.

401. — Cruche en grès d'Avignon, décorée d'ornements.

402. — Gros Cruchon en grès de Flandres, décoré d'armoiries, de mascarons, de fleurettes et de médaillons à têtes de guerriers du xvi° siècle.

403. — Cruchon en grès de Flandres à panse côtelée, orné d'un mascaron sur le bec, xvi° siècle.

404. — Vidrecome en grès brun, du xvi° siècle, représentant sur la panse trois médaillons, bustes de femmes, des figures diaboliques et des groupes de combattants à cheval. Couvercle en étain avec écusson.

405. — Cruchon en grès de Flandres, décoré de mascarons et de fleurettes, xvɪᵉ siècle.

406. — Petit Cruchon en grès brun de la Renaissance, décoré d'écussons et de médaillons à figures de Vénus.

407. — Fontaine de forme monumentale en faïence de Boulogne, genre Bernard Palissy.

408. — Trois petites Aiguières, poterie antique.

409. — Vase en faïence de Castelli, décor à sujets de chasse, xvɪɪᵉ siècle.

410. — Plat en faïence italienne.

VITRAUX

411. — Grande Croisée ogivale à deux vantaux, garnie de
vitraux peints représentant des sujets tirés du Nou-
veau Testament, des écussons, des armoiries et des
petits médaillons à personnages, xvie siècle.

412. — Deux Châssis garnis chacun de deux vitraux représentant des scènes allégoriques à la Vie des Saints,
xvie siècle.

413. — Quatre Vitraux à armoiries et sujets symboliques du
xvie siècle.

414. — Deux Vitraux à personnages, xvie siècle.

415. — Vitrail composé de scènes guerrières, d'armoiries, de
personnages allégoriques, xvie siècle.

416. — Vitrail à armoiries, xvie siècle.

417. — Quatre Vitraux forme ogive, à armoiries et sujets à personnages, xve siècle.

418. — Douze Vitraux anciens.

Sera divisé.

419. — Vitrail représentant Adam et Ève.

420. —   —   La Nativité.

421. —   —   Daniel dans la fosse aux lions.

422. —   —   Le sacrifice d'Abraham.

423. —   —   Le couronnement de la Vierge.

424. —   —   Baptême.

425. —   —   Deux Guerriers.

426. —   —   Des armoiries.

427. —   —   Saint Michel.

428. —   —   La Vierge et l'Enfant.

429. —   —   Armoiries.

430. —   —   Guerriers combattant.

431. —   —   Moutons et Chèvres.

432. —   —   Armoiries.

433. —   —   Notre-Dame des Sept-Douleurs.

434. —   —   Un Lion.

435. — Vitrail représentant Vierge et Enfant en grisaille.

436. —   —   Homme et Femme.

437. — 3 Vitraux.

438. — 2 Vitraux, sujets faisant pendant.

MONNAIES — MÉDAILLES

439. — Collection de nombreuses pièces d'or, d'argent et de cuivre. Médailles.

Pourra être divisé.

MEUBLES

440. — Beau Meuble à deux corps en bois sculpté représentant
sur chaque battant des sujets guerriers et allégoriques. Les montants de la partie supérieure sont
formés de cariatides d'hommes et de femmes; ceux
de la partie inférieure sont formés de têtes de lions
et d'ornements. Les tiroirs et le fronton représentent
des figures d'enfants se perdant dans des rinceaux
feuillagés et des fleurs. Les angles sont ornés de têtes
de chérubins. Le meuble est supporté par deux lions;
il est accompagné de sa clef en fer repercé, avec an-
neaux à fleurs de lis et embase carrée; travail du
xvie siècle. (A subi une légère restauration pour être
transformé en médaillier.)

441. — Belle stalle gothique avec montants à clochetons offrant
au dossier, sur fond d'ornements à ogives, un blason
et une couronne; le devant offre en bas-relief une
décoration analogue.

442. — Beau Prie-Dieu gothique avec fronton à jour, montants à
clochetons surmontés de figurines d'archange et de
sainte; le panneau central présente trois figures
de saints sous des arceaux, le bas, une décoration
ogivale.

443. — Deux Fauteuils en bois sculpté, bras et pieds tors, couverts de coussins en velours vert, époque Louis XIII.

444. — Chaise en bois sculpté avec dossier à fronton formé de
figures d'amours supportant une couronne, époque
Louis XIII.

445. — Belle Crédence d'aspect monumental, en bois sculpté,
ornée d'applications d'écaille, xvie siècle.

446. — Belle Crédence en bois sculpté offrant sur les panneaux
des perspectives, présentant comme montants des
cariatides et sur le panneau du fond dans la partie
inférieure des figures et des ornements, xvie siècle.

447. — Cabinet d'aspect monumental en ébène orné d'applications d'écaille et de cuivre, époque Louis XIII.

448. — Beau Panneau gothique, devant de bahut en bois sculpté
représentant des écussons fleurdelisés et des ogives
avec montants à clochetons.

449. — Échiquier en écaille et nacre gravés représentant des
sujets symboliques, époque Louis XIII.

450. — Beau Meuble à deux corps, en noyer sculpté, avec fronton, xvie siècle. Les battants de la partie supérieure représentent des cariatides de Minerve entourées de trophées; ceux du bas sont décorés de mascarons et de cariatides de sphinx. Les montants sont à colonnes cannelées et feuillagées.

451. — Bahut, en noyer sculpté, offrant en bas-relief une composition de nombreux personnages, avec montants ornés de trophées de musique.

452. — Belle Table de la Renaissance, forme dite à éventail, pieds à arcades.

453. — Petit Cabinet, en ébène gravé, décoré de rinceaux, xviie siècle.

454. — Coffret, en bois sculpté, rehaussé de vestiges d'or, xve siècle.

455. — Boîte à ouvrage en incrustation de l'Inde.

456. — Petit Cabinet de forme monumentale en bois sculpté, doré et peint, travail chinois.

457. — Papeterie en bois sculpté offrant un chiffre avec couronne et des ornements.

458. — Beau Bureau, à quatre faces, en marqueterie de cuivre, richement orné de bronzes, style Louis XIV.

459. — Deux beaux Fauteuils, en bois sculpté et doré, couverts de tapisseries au point, époque Louis XIV.

460. — Tabouret en bois sculpté et doré, couvert en velours de Gênes rouge, Louis XIV.

461. — Écran en bois sculpté, garni d'une jolie tapisserie à petits personnages se détachant sur fond brodé d'argent, époque Louis XIV.

462. — Beau Fauteuil de bureau canné, forme à contours, bois sculpté à rocailles et ornements, époque Louis XV.

463. — Belle Cheminée, d'aspect monumental, en bois sculpté, offrant au bandeau : des arabesques, des figures et un écusson. Les montants sont formés de cariatides d'homme et de femme. Travail partie de la Renaissance.

464. — Lit en bois sculpté, peint et doré, avec fronton à cartouche et lions accolés, orné de quatre colonnes, époque Louis XIII.

465. — Deux Glaces avec cadres en bois sculpté et doré, époque Louis XIII.

466. — Joli meuble orné de cuivre Louis XVI.

467. — Paravent à dix feuilles, scènes pastorales.

468. — Paravent à six feuilles, genre de la Savonnerie.

TAPISSERIES — ÉTOFFES

469. — Belle Tapisserie gothique représentant des dames et seigneurs en costume de la cour de Louis XII. Avec bordure à fleurs sur fond ouvert. Pièce intéressante.

470. — Suite de quatre Tapisseries gothiques à feuillages et animaux.

471. — Grand Panneau en tapisserie au point fond jaune à fleurs
et enroulements, xvıᵉ siècle.

472. — Tapisseries à personnages, avec bordure, xvııᵉ siècle.

473. — Bande de tapisserie Louis XIII.

474. — Belle Tapisserie de la Renaissance représentant un monument à arcades avec nombreux personnages. Bordure
à figures allégoriques, fruits et fleurs.

475. — Tapisserie du xvııᵉ siècle, représentant la vue d'un parc
avec personnages chargés de gibiers morts et de divers
objets. Bordure simulant un encadrement.

476. — Suite de cinq panneaux en tapisserie du xvie siècle à semis avec médaillons et armoiries.

477. — Panneau en tapisserie, sujet : L'Automne.

478. — Tapisserie verdure et oiseaux.

479. — Tapisserie verdure Louis XIII.

480. — Tapisserie verdure Louis XIII.

481. — Petite Tapisserie du xvie siècle, sujet romain.

482. — Siège et dossier de canapé en tapisserie au point.

483. — Deux armoiries brodées sur drap.

484. — Plusieurs lambrequins en tapisserie au point.

Sera divisé.

485. — Lot de bordures en tapisseries, époques Louis XIII, Louis XIV et Louis XV.

Sera divisé.

486. — Deux mètres 10 de franges rouges du xvie siècle.

487. — Un mètre 50 franges vertes même époque, 13 mètres galons verts même époque.

488. — Belle Tapisserie, représentant un paysage avec cours d'eau animé de figure de vachère conduisant un troupeau. Bordure à fleurs et fruits.

489. — Tapisserie représentant un paysage avec figures. Bordure à fleurs.

490. — Quatre Bannières brodées du xviie siècle.

491. — Tenture composée de nombreuses feuilles en cuir de Cordoue.

492. — Garniture, suite de lambrequins en tapisserie au petit point, époque Louis XIII.

493. — Deux Bandeaux en broderies de soie rouge sur fond de fil blanc, travail persan, xvie siècle.

494. — Deux Bandeaux en damas et broderie de Perse, xvie siècle.

495. — Cinq Tapis anciens d'Orient.
Seront vendus séparément.

TABLEAUX

BLOEMAERT

496. — La Descente de Croix.

497. — Jésus traîné devant ses juges.

BRILL (Paul)

498. — Diane et Endymion.

> Très beau paysage arrosé par un cours d'eau.

CHARDIN

499. — Beau portrait d'homme. Pastel.

VAN DAELEN

500. — Intérieur d'église.

DIETRICH

501. — Deux personnages lisant une lettre à un balcon (effet de nuit).

DURER (ALBERT) (Attribué à)

502. — Les Saintes Femmes et saint Jean au pied de la Croix assistés d'un archange et d'un saint recueillant les gouttes de sang du Christ. Au fond la vallée de Josaphat animée de nombreux petits personnages.

DUPLESSIS

503. — Le Camp.

FRAGONARD père

504. — Paysage avec figures.

FRANCK

505. — Martyres de saints.

506. — Le Calvaire.

Composition de nombreux personnages.

LE GUERCHIN

507. — Vierge en prière.

GUIDE (Attribué au)

508. — Saint Gérôme.

JORDAENS

509. — Le Joueur de cornemuse.

JORDAENS (École de)

510. — Scène de la vie du Christ.

Composition de neuf personnages.

JUNSBLUTH (Math.)

511. — Sainte Cécile.

E. LECOMTE

512. — Paysage d'Orient.

Aquarelle.

MEUNIER

513. — Portrait de Jean Molinet.

MICHAU

514. — Paysage avec cours d'eau animé de petits personnages.

NETSCHER

515. — Portrait d'un Magistrat feuilletant un livre.

OCHTERVELT

516. — Le Jeune Fumeur.

OSTADE (Adrian Van)

517. — Le Joueur de vielle.

OEuvre d'une grande finesse.

Accompagnée au revers de la gravure portant la signature
A. Ostade, 1647.

Van OSTADE

548. — **La Lecture au cabaret.** — A une fenêtre, un personnage
tient une gazette, un autre, coiffé d'un bonnet vert,
l'éclaire; d'autres, groupés dans le fond, commentent
la nouvelle.

Signé en toutes lettres sur un écriteau suspendu à la fenêtre.

PALAMÈDE (Attribué à)

519. — Le Quatuor.

PENAVERE (Eugénie)
D'après DELAROCHE (Paul)

520. — Les Enfants d'Édouard.

LE POUSSIN (Attribué à)

521. — Paysage d'Italie avec figures et animaux au pâturage.

QUET (W.)

522. — Le Retour de la pêche par une mer houleuse.

523. — Paysage arrosé par un cours d'eau et animé de figures.

Pendant du précédent.

RAVENSTEIN

524. — Portrait d'homme en costume noir et collerette blanche.

ROMYN (Attribué à)

525. — La Petite Vachère.

SPRUYT

526. — Intérieur d'Église.

STORK (Abraham)

527. — Bateaux de pêche à l'abordage.

SWAGERS.

528. — Bords du Mordeck.

TENIERS (David).

529. — Le Déjeuner. — Devant un cabaret, à droite, des personnages sont attablés ; une femme porte une cruche d'eau sur sa tête. Au premier plan le cabaretier offre une pinte de bière à un mendiant. A gauche une femme et une petite fille s'éloignent.

Signé des monogrammes, à gauche.

VERNET (Joseph).

530. — Paysage au bord de la mer animé de figures ; à droite un groupe de contrebandiers allumant un feu. Effet de nuit.

Signé à droite : J. Vernet.

VÉRONÈSE P. (Attribué à)

531. — Martyre d'un Saint.

Peinture sur marbre.

VÉRONÈSE Paul (Attribué à)

532. — La Vierge, les Saintes et les Apôtres s'inspirant de l'esprit divin.

WOUVERMAN

533. — Une Halte de cavaliers.

ÉCOLE GOTHIQUE

534. — Triptyque représentant au centre Marie Salomé, la Vierge et saint Jean au pied de la croix; quatre médaillons à sujets symboliques avec inscriptions. Sur les deux volets, le martyre du Christ; extérieurement, deux saints.

535. — Vierge et Enfant sur fond d'or.

536. — Le martyre de sainte Cécile.

Composition de 9 personnages.

ÉCOLE DU XVᵉ SIÈCLE

537. — Le Christ à la couronne d'épines martyrisé.

Composition de 9 figures.

ÉCOLE DU XVIᵉ SIÈCLE

538. — Triptyque représentant au centre le Christ en croix ; sur le volet de droite, une station de la Croix ; sur le volet de gauche, le Christ au jardin des Oliviers. Dans le bas on lit : Dame Claude de Montmorency, âgée de trente-deux ans.

539. — Triptyque offrant au centre un Saint en prière devant la Vierge et l'Enfant, et sur chaque volet des personnages historiques en prière assistés de saint Jean et de saint Pierre.

540. — La Nativité.

Composition de 14 figures.

541. — Loth et ses filles.

ÉCOLE FRANÇAISE

542. — Paysage animé de figures.

Fixé.

543. — Bandit narguant sa prisonnière.

ÉCOLE ITALIENNE

544. — La Lecture de la Bible.

545. — Deux Saints.

ÉCOLE DE PISE

546. — La Vierge et l'Enfant.

Imp. A. QUANTIN, 7, rue Saint-Benoît.